¡Un Mono en mi Ventana!

Bethania Balza.

Un mono en mi ventana.

Un domingo al atardecer escuché sonidos graves:
"¡Oh, Oh, Oh, Uh, Uh, Uh!"
Fui a investigar y me llevé una gran sorpresa:
¡Había un mono en mi ventana!

Lo siguiente que hice fue llamar a la estación de
bomberos...

"Buenas tardes, señora," respondió la operadora, "es el cuerpo de bomberos."

"Por favor, quiero informar que hay un mono enredado con la reja de la ventana de mi cuarto," le dije, "parece tener una soga amarrado al pie."

"¿Está bromeando?" respondió la operadora.

 "No, ¡es cierto!" le respondí.

"Ahora mismo le enviamos uno de nuestros equipos a buscarlo," dijo la operadora, "deme su dirección."

"¡Bomberos! Prepárense para salir," ordenó el capitán, "encontraron a un mono en una casa y la familia no sabe qué hacer con él."

"Llevemos una jaula para traer al mono." exclamó un miembro del equipo.

Los bomberos rápidamente acudieron al rescate.

En el camino, por una calle angosta, con un camión de bomberos gigante, rodeados de naturaleza en busca de un mono enredado en una ventana.

Una vez que llegaron a la casa, el
bombero preguntó:

"¿Dónde está el mono, señora."

"Está muy agitado, está llorando en
la ventana de mi cuarto." le respondí.

El bombero subió a la habitación, y al encontrarse con el mono le ofreció una banana, la cual tomó sin problemas. Luego, el grupo de bomberos se acercó al notar que el mono se calmaba.

Los bomberos llegan al cuarto y comienzan a tomarse fotos con el mono para compartirlas en sus redes sociales.

"Aquí, así."

"Otra foto. Si, así…"

"Parece que han olvidado por qué han venido," en seguida les recuerdo,

"Se ha hecho tarde, ya anocheció."
Pero ellos continúan haciéndose fotos entre ellos.

Finalmente el bombero pregunta:
"¿Señora, se quiere quedar con el mono?"

"No, prefiero que lo lleven al zoológico, que esté con otros monos."

Días más tarde, los bomberos llevaron el mono al zoológico
y hablaron con su encargado.

"Lo ubicaremos con los otros monos capuchinos donde podrá jugar y hacer nuevos amigos de su misma especie ." dijo el encargado.

" ¡Ahora harás una nueva familia!" dijo el bombero.

El encargado del zoológico, llevó al mono capuchino a conocer su nuevo hogar y saludaron el águila real suramericana.

Le gustaron mucho los colores de las guacamayas y el pavo real. Se sorprendió aún más al oír hablar al lorito.

Al principio se asustó con los felinos, con sus ágiles patas, su largo cuello y su temible mandíbula – aunque resultaron ser muy amigables–.

Disfrutó del hábitat del oso frontino u oso de anteojos por sus venezolanos y Sur América.

manchas alrededor de sus ojos. Característico de Los Andes

Llegó a la cascada y se encontró con otros monos jugando con el agua.

"Por un momento me sentí en un sueño." pensó el
mono capuchino.

De paseo por el zoológico, buscamos un snack para dar un recorrido y visitar al mono que un día estuvo en mi ventana.

Él enseguida se acerco a saludar. Me alegró
encontrarlo feliz.

Ayuda a cuidar las especies de nuestra fauna.

¡Dejémoslos vivir en libertad!

FIN.